水清心秀

心靈短句

宣均

序

　　人世間混混濁濁的一切，常擾擾攘攘於心，想靜，多不容易；如同濁水，想淨，多難。如能俟濁水沉澱，心亦能清秀俊朗，如明鏡映照萬物，一件件，一物物，都漸漸清晰起來了。

　　我在學校工作。二○二一年十二月七日下午三點半左右，下樓時，在倒數第二格，被一人叫住，對話幾句，轉身便跌落樓梯，左腳小指骨折，修養三個月至二○二二年三月七日復職。當時腳仍未癒，拄傘杖上下班。原本租屋離學校不到五分鐘腳程，拄著杖腳，舉步維艱，走了近三十分鐘。有時遇好心同事，繞路載我一程，不勝感激，這才明白：原來患難真的可以見真情。一個傷，讓我重新審視自己，也重新看待生命。

　　腳傷那段時間，跛著腳去上課，站著寫板書是最大挑戰之一。沒課時，便到辦公室陽臺，晒晒太陽，看雲聚雲散，觀鳥飛，聞鳥啼，靜靜

心，看看自己。內心常升起許多困惑，也常浮出許多句子，便養成隨手記下習慣，累積九個多月，一轉眼便到了腳傷一週年的日子。

　　我將這些話語整理成冊，不怎麼勵志，也不怎麼感人，但對我彌足珍貴，因為它們確實是我一點一滴成長軌跡，也是證明我在地球走過的痕跡。這些雜語，大多是和自己及最知心的朋友對話，部分是向神祈禱時浮現的話，或是在職場上的感悟。今天這本雜語可以出版，我很感謝願意堅持到現在的自己，同時也感謝腳傷時支持我的親愛家人，還有感謝鼓勵我的親朋同事，以及一群體貼我純真可愛的學生，和幫我去廟裡點光明燈最美麗的家長。

　　當然，我也感謝願意打開這本書的您，有了您的參與，這本書才算完成。您可以隨意翻閱，若每則心語看完，您和我一樣腦中閃過一些句子，空白處便是任您發揮的好所在。

神啊！如果是您（腳傷），您會怎麼做？

∞：繼續向前行。

~~腳傷復職 2022.3.9

神啊！現在跛腳的我，該怎麼辦？

∞：相信自己。

有些事，不需要證明。

～相信 2022.3.9

神啊！……。

∞：一定會好，只是會痛。

～悲傷 2022.3.10

問：如果現在腳傷好了，你想做什麼？

答：站著教書，喜悅、優雅、從容生活，

　　帶家人去玩……。

　　　　　　　　～～如果 2022.3.14

神啊！我該怎麼辦？

∞：觀想到處玩。

～希望 2022.3.14

神啊！您是藉我受傷，讓別人來反省嗎？

∞：我並沒有要這樣做，是要你

全部回來自己

全部回來看自己。

～～提醒≠懲罰 2022.3.16

我不知道

凡事都有可能

~~不知道 2022.3.19

神啊！……。

∞：就看你的意志力有多強。

～～默默支持 2022.3.20

神啊！您看現在蹣跚的我，想說什麼？

∞：美麗的你。

你是如此美麗。

～不變 2022.3.24

神啊！同事有意無意扯後腿，怎麼辦？

∞：單純像個小孩子。

　　你要有一股自信

　　老天會賜給你一切所需要。

　　　　　　　　～童心未泯 2022.3.25

試試看
把世界拉回自己
再次深入體驗
看能否寵辱
皆忘
看能否
記起自己

～～再試一次 2022.3.27

不管以前好不好，快不快樂
管它的
全讓它應聲而垮
重新開始

～～重新開始 2022.3.27

還記得輕音樂和日文歌嵌入夜讀的自己嗎
還記得用動漫塞滿書包的自己嗎
還記得小週末享受茶佐點心的自己嗎
還記得浸淫在中國風的自己嗎
還記得愛著輕鬆快樂的自己嗎
還記得做些小小的努力就急著犒賞自己嗎

～～記得自己 2022.3.27

一直孤獨
是為了讓我寂靜
無憂無慮、自在、放鬆
和記起不靈光自己嗎？

～～明白 2022.3.28

到底要往哪裡去？

去一個可以做自己，愛惜自己

又可以幫助別人的地方吧！

～去需要我的地方 2022.4.1

不預測、不擔憂、不批評
更不入戲
只是看看、笑笑
只是
如是觀

～～看戲 2022.4.5

我一定要做些什麼來證明嗎？

生命之流真的會帶我去該去的地方嗎？

人生最重要的事真的只是放鬆地活著嗎？

～生命意義 2022.4.10

神啊！人生意義爲何？

∞：吃喝玩樂，和盡情做自己想做的事。

　　最重要的是，只是活著。

　　　　　　　～～只是活著 2022.4.10

時時折腰說聲謝謝
好好擁抱說聲再見
就是珍惜和地球一切情緣

～珍惜 2022.4.12

再嘆
也不能再貪戀
該捨則捨
洗去風塵
才有新希望流進來

　　　　　～～有捨有得 2022.4.17

學生偏差行為的事
只有神知道
它對未來人事有著更大保護

～～未知 2022.4.17

你是優，一直優雅
還是憂，一直憂慮
端看你是活成人
還是活成病人

　　　　　～～是人，還是病人 2022.4.20

下一個不容易的決定
不一定是煩惱
換個角度
它也是個選擇

　　　　　～～怎麼看，隨便你 2022.5.1

到底要多好你才滿足
再氣勢萬鈞
也比不過
熬出一鍋
夠了就好

～～夠了就好 2022.5.5

專注在
那片沃腴中辛勤耕耘
該出現人事物
自然會出現

　　　　　～～一切都還來得及 2022.5.15

證明自己
也是迂迴曲折的證明
一切終究歸零
生命本身就是意義
就是值得
就是愛
何需證明

~~I Live. 2022.5.21

換個地方工作
為的不就是內心平靜嗎
並糝上那片陽光來為生命歡呼嗎
為何還要緊抓那些歷盡滄桑不愉快呢

～～換到哪裡不是都一樣嗎 2022.5.22

原來不用太認眞
才能留點空間
給快樂

～～不用太認眞 2022.5.24

順水而流
流過巍巍靈秀
流過翁鬱青蔥
流過蕩蕩平川
我想看看
老天會帶我去哪裡

～～聽天由命 2022.5.26

全心全意回到自己
聆聽內心驟起陡落
真的可以找到自己嗎
那真不再是驚鴻一瞥嗎

～～可以嗎 2022.6.8

這個世界就是需要不一樣聲音

才能突破與創新

才不會永遠都他在大聲

　　　　　～～不是大聲就贏 2022.6.9

可以原諒、寬恕、放下
你的糾結嗎
承認與接受它好嗎
讓悠悠歲月陪伴你
即使不再傲殺人間
也瀟灑走一回

～～瀟灑走一回 2022.6.20

你有太多歪理
讓自己不快樂

〰〰理由太多 2022.6.28

有些人事是否不要擁有較好

還是囑咐自己

擁不擁有

都不用太用力去掙

恣你樂在其中更重要

～～樂在其中 2022.7.11

人真的有翻身機會嗎
如果可以
是要翻到哪裡
其實翻到哪都逃不出五指山
除非
回到寧靜自己

～翻身難，回到自己更難 2022.7.11

如果把門扉關得緊緊

有一天

即使找到鑰匙

也打不開了

~~Please open your heard.2022.7.18

好的，喜歡的
全部都拿出來用
別捨不得
走到最後
就算是聚寶盆
都要捨，不是嗎

～捨得 2022.7.22

什麼樣的學生要遇見什麼樣老師
什麼樣的孩子要遇見什麼樣父母
都注定好了
都有各自功課

～～自己選的 2022.7.24

對愛我和我愛的人
都說一聲謝謝
記起就記起
遠逝就遠逝
留戀就留戀
一切都坦然
只因藉著一段段塵緣
更靠近自己一點點

～～接受 2022.7.24

寬恕那些無知的人
為的是
讓自己繼續向前行

～～寬恕 2022.7.24

爲何 16 歲的我比現在還懂得生活

因爲那時什麼都沒有，也什麼都有

是非成敗都無所謂

只想迎接莫名其妙挑戰

只想舞出曼妙新生活

只想盡情瀏覽這個新世界

~~美麗新世界 2022.7.25

讓所有的快樂和不快樂
都沒了歸屬感
下一刻
在街角沒理由的
哼出一段旋律

～～讓他走 2022.7.25

和所有人保持兩全其美距離

是對自己和別人

一種尊重

　　　　　〜〜保持社交距離 2022.7.25

幾度沉溺虛幻

和無數坑坑疤疤過去

遠離了其貌不揚的當下

沉重的身軀要如何走下去

難怪不堪負荷

一次做一件事就好

像在家自在簡單

別忘了

胡鬧一下

管他明天怎樣

～簡單 2022.7.27

謝謝媽媽的堅持
讓我明瞭
8 不是兩個 0
而是∞

~~無限大 2022.7.29

僅僅播下一顆種子
它便開始擁有遲滯的
幸福
因為它啟動了
可能
的齒輪

～～夢想 2022.7.30

如果可以在每個當下
都走出隨順自在的路
我是不是就可以
回家了

～～回家 2022.7.30

現在　只接受喜歡的
不再被
「看起來適合卻不喜歡」撂到
腦袋分析只是消磨
直覺和舒服自在才是王道

　　　　～～真正適合 2022.7.30

原來　傷猶在
只要一腳陷入
便無法自拔
能否看著傷、承認傷、接受傷
允許傷、陪伴傷
然後把重心
放在更幸福的地方

～～癒 2022.7.31

如何承認及接納孤獨
並找到一個平衡點
讓他成爲我的一部分

　　　　　　　　　～～平衡 2022.7.31

我承認並接納自己
這一切看似不完美又尷尬的窘態
並溫柔陪伴及寬恕
這個倔強和頑固的自己

~~自我療癒 2022.8.1

不用急著走出眼前那片漠楞楞
也不用急著幡然改圖附和別人
慢條斯理回到自己
安住內在
聆聽自己
放心吧
外在會自然運轉

～～傾聽 2022.8.1

誰說我沒有朋友
我有水墨畫、書法、琴、文史圖書……
還有書寫、靜心、散步……
連 youtube 也有薩古魯、古儒吉……
還有更有重要的自己

～不缺朋友 2022.8.1

有些人，有些事
再選 100 次
依然如此選擇
因爲
我依然是我

～～私は私 2022.8.1

現實不是童話？
偶爾像孩子或傻子一樣
笑著，玩著，欣賞著
童話般的世界就會跟著出現

～把現實變童話 2022.8.2

放手
你所有擔憂的事
讓擔憂走吧
它騷動不已
因為
它也想自由

～～也想自由 2022.8.3

因爲現實不如意
就啜飲著過去與虛幻嗎
那不是乾癟了光陰
乾癟了無數個回不了頭的當下嗎

～～逃避當下 2022.8.4

看著別人的錯
有種熟悉感：
打開不了的心
一味挑剔與責怪別人
這條路我也走過
現在
只是感恩老天讓我明白曾經的不智
與感謝一路走得顛顛跛跛的自己

～～熟悉的錯 2022.8.5

涉水跋山去尋找
出口
依然不知道要往哪
那先走出去
到了十字路口
自然會選擇

~~走就對了 2022.8.6

與其和過去糾纏
不如和未來對話
與其焦慮著未來
不如感受當下的點滴
管他什麼幸福結局

～～踏實 2022.8.7

什麼都不用證明

什麼都不缺

一直被那穠纖合度生命寵著

不被任何擔憂壅塞

無需褶皺出美麗的童話故事

只消輕輕珍惜感恩現在

～～被父親寵著幸福女兒 2022.8.8

有時需要的
只是盡情地失落
盡情接受、盡情允許
盡情陪伴，盡情療癒
如果只是一直自我安慰
只會停滯不前
說服，只是騙自己
只因從未認真面對
才會不停渴求，又不斷失落

～失落 2022.8.11

去做有趣的事吧
有趣，才去做
或是試著把它
變有趣

　　　　　　　　　　～～有趣 2022.8.14

(感謝提起勇氣當體育班導師的自己，這一年，
我徹底轉型，並從一群調皮又貼心的學生身上發
現：他們總是把事情變有趣。)

一切只是角色扮演
只是投入玩一下
不用太嚴肅
若爲角色勾留
忘了卸下面具
便是負了此生

～～角色扮演 2022.8.14

每個人都把他過去認知與經驗

視爲理所當然

就當它天外飛來一筆

笑笑讓他過

不用認同

~~尊重多元 2022.8.15

人生
就是該做出選擇
其他的都放下
如果什麼都在意，什麼都要
表象的滿載而歸和瞎忙其實都無益
需要的只有
回到自己，安住己身

～～選擇眞正需要 2022.8.16

沒有的
代表我不需要
因爲沒有的以外
我都有

～～該有都有 2022.8.16

修行就如寫作
別把世界擋在外頭
任憑萬事萬物恣意生起
才可能平衡
才有機會藉人事進化

～～信任`2022.8.17

謙虛退讓地尊重問題
怡然自得地欣賞問題
如獲至寶地愛上問題
鍥而不捨地玩問題

　　　　〜〜不用解決問題 2022.8.18

人生怎麼看
都沒有輸贏
因為人生如戲
如演戲，也如遊戲
要演，就投入地演
要玩，就盡情地玩

～～全然投入 2022.8.19

我決定前進
即使龜速
回首發現
已經走得那麼遠了

～～龜速前進 2022.8.21

因爲明白　拼死命
便是荒誕了工作
是尷尬了生命
事事盡力
分數隨意
尊重老天最後評斷

　　　～隨祢打分數 2022.8.22

慢活就是
慢出自己
野放自己
上班也玩，下班也玩，回家也玩
時時刻刻都投入
體會活的感覺

～～生活＝玩 2022.8.22

（致敬讓我考上正式教師的台南市，那一年，我
玩得很盡興）

我能出校門就放下打點者的責任嗎
我能拒絕 24 小時管教的煎熬嗎
我能放下戰戰兢兢的盡力嗎
我喜歡什麼
我相信什麼
我就是什麼

～我是老師，我也是人 2022.8.26

所謂長大

就是從容應對壓力

~~長大 2022.8.27

生命的意義為何

活著

一直活下去就是最大的意義

　　　　　　　　～活下去 2022.8.27

惱人事情是不停鼓噪的垃圾
現在就丟出去
不讓它肆虐我的世界

~~打包丟掉 2022.8.28

放下一個人
又提起一個人
不如，就讓來來去去的事
來來去去
你是無來也無去

～～自悟 2022.8.28

跟著大家
該結婚就結婚
該生子就生子
該演戲就演戲
該看戲就看戲
其實　也是
一番哲理和一番智慧——
省心又省事

～～搭上順風車 2022.8.31

可以努力
但不用太迂迴、太費力
如果太勉強
就沒什麼意思了

～～不費力 2022.9.4

因爲有了情
世界變得更美麗
因爲少了情
事情變得更簡單

~~沒有對錯 2022.9.4

與其放逐自己消沉灰頹下去
不如提起勇氣
相信現在一切安排
是命中註定
的美好

~~All is well.2022.9.10

像渺小且平凡的哈比人
踏實地在袋底洞過生活
珍惜這彌足珍貴的平凡
不再不屈不撓地ㄍㄧㄥ起全世界

～～不用再ㄍㄧㄥ了　2022.9.11

一有時間
可以回到晒太陽來虛度絢麗時光
和無動於衷看著人來人往的日子嗎

～～無所事事 2022.9.16

人生這趟旅行
忙不迭地一轉眼便過了
每個人都有必修課
不用暗忖別人功課
也不用一股腦兒承擔
讓該面對的人去面對吧

～～放下承擔 2022.9.17

如果還是不能暢快淋漓喜悦
就多多練習昂首快樂吧

～～快樂成習慣 2022.9.17

眞正的自由
不再說服自己「應該」做什麼
而是放心放鬆信步徐行
自己想走的路

～自由 2022.9.19

如果從此覺醒
不再捲入頹然對壘事件
不再落入無垠是非愛恨
來地球
將會是一趟很有意義旅行
一件滔天歡慶的事

~~超越自我 2022.9.19

不計較
不代表比較笨
只是適時
裝笨

～～大智若愚 2022.9.22

這明明是一份量身訂作好工作
爲何總與休息對峙
爲何總像殘兵敗將在長期抗戰
不肯留點時間給自己

～教書≠長期抗戰 2022.9.24

一切溼漉漉的過去
都讓他痛快
隨煙波浩淼而逝
只因我
是個旅人
不用牽扯羈絆

～～旅人 2022.10.2

我是否能打破制約

眼皮跳

代表有事發生

有大事要發生

有大大的好事要發生

與其逼自己恍惚走向渺茫與擔憂

不如走向酣然與豁達

～～反制約 2022.10.3

溫柔捍衛我的心靈花園
不讓閒雜人等進來

～～冥想 2022.10.3

放手讓他們負責
讓他們練習挑起擔子
以後才能獨挑大樑

～～訓練學生 2022.10.3

你一定要鞭策著自己
趕赴著詭譎下一刻嗎
無需催緊擂擂引擎
該是你的
不會錯過

　　　　　～～慢慢來比較快 2022.10.5

給我不正常的空間
這樣我才能
保持正常

~~給我空間不正常 2022.10.8

紙，在找人
用筆墨，重新讓紙活過來
就像心智，在找人
用回憶和情緒，重新讓事情活過來

～～讀托勒的書 2022.10.8

內心如戰場

萬馬奔騰，短兵相接

殺氣無法平息

是你不想停止那戰爭

來展現你的驍勇善戰

還是真的停不下來

為何長期抗戰

一定要有所為才能證明些什麼嗎

誰說不能在戰場上　坐下來

喘口氣，喝杯茶，聽首歌，睡一頓覺呢

~~平息戰爭 2022.10.13

他本來就是這個樣子
這就是他本來的樣子
本來他就是這個樣子

~~不用改變他 2022.10.16

經歷多一點，擁有多一點

就好嗎

還是　其實只是

看起來比較好而已

　　　～～看起來好像比較好 2022.10.19

把一半的時間留給溫潤的自己
另外一半
留給自己和抑揚頓挫未來
譜首長歌

~~Me time 2022.10.22

你有多久沒清理淺意識裡
那些歷歷如繪的垃圾
即使層層掩埋
你仍眷戀它
不時翻出
並欣賞

～～淺意識的垃圾 2022.10.25

我要拉出偌大的空間
坐下來
和自己來場渾渾噩噩對話

～～靜心 2022.10.25

爲何一直逼自己入戲
放下納悶
事情會自生自滅
嚷嚷不休的人會自動和解

～～無爲 2022.10.25

算與不算

一切都老天爺說了算

～～祂說了算 2022.10.25

如果你可以輕鬆當個大家閨秀
又何必逼自己演成悲情女人

　　　～～任君選擇 2022.10.25

此生最美的命中註定
是遇見自己
是生氣勃勃當下的自己
不是憮然過去
也不在神遊未來

　　　　～～現在就是未來 2022.10.26

教書，就是傳道、授業、解惑
不是拿學生成績當業績

　　　　　～～成績≠業績 2022.10.27

花了 7 年　把自己綁緊

再花 7 年　把自己鬆開

如今　破繭而出

拋開沉甸甸過往

迎向魂牽夢縈自由

卻問自己

該往哪裡去

還是說

去哪裡都可以

　　　　　　　　~~anywhere 2022.10.28

你一直無法打從心裡愛自己嗎

因為沒有得到自己所愛

就覺得自己不值得被愛嗎

你拚命幫助別人　你就是愛

你慷慨鼓勵別人　你就是愛

你蟄居好學不倦　你就是愛

你一直都是愛

所以，請端詳自己

珍惜並深愛自己

曾經錯誤會塵封，會飄逝

你無需鬱鬱

你仍值得愛

值得愛人，也值得被愛

～～你就是愛 2022.11.4

有人不斷抱怨
就像反芻著過去噁爛的一切
而我腦中
是否也正反芻……

～抱怨 2022.11.12

我不插手別人熱鬧鼎沸人生
我微不足道人生
也輪不到任何人插手

~~尊重自己 2022.11.12

用青春
送走了一屆又一屆爛縵學生
這樣的人生
是揮霍享受
是人間最大的奢侈
因為陪伴學生
是彼此最無懈可擊的禮物

～～我的青春 2022.11.17

繞了蔚爲壯觀一大圈
終於彳亍到了
原點

～歸零 2022.11.25

我真的有在前進嗎
放心吧
就算無法奔馳得點
很多事回不了頭
不就是在前進嗎

　　　　　～～不得不前進 2022.11.26

沒有人可以坦蕩蕩定義我
只有我能赤裸裸定義我自己

～～下定義 2022.11.29

你為何那麼倔強
寧願在外流浪
寧願擁抱一個熟悉又陌生城市
寧願在生病時一人黯然悲傷
就只是想證明
「我不孤獨」

～～倔強 2022.12.3

不停在乎認識與不認識的駭人眼光
可曾駐足在乎過自己
可否與外在及自己心智拉出安全距離
靜默聆聽

～～傾聽 2022.12.4

一直不屈服，又不肯直刺刺下決定
一直抗拒，又不能斷然行動
一直不甘心，又躑躅不敢放手一搏
拖著一身的泥濘
你生命力量到底在哪裡

～力量在哪裡 2022.12.4

每次聽到這話題
瞬即把自己藏起來
不是低聲啜泣
就是說服自己
亦或把自己鎖進暗無天日的過去　但是
你何必拿他人唐突的認不認同
來決定你現在及未來的路
請勇敢表現
你的愛與不愛

～勇敢 2022.12.5

太多大費周章規則
只恐綁住自己和他人
輕鬆玩出這份雋永
人生才會值回票價

～～打破規則 2022.12.8

我想跨出去

看看　我能否

抬頭挺胸　理直氣壯的

漫步地球

　　　　　～～超越 2022.12.10

我何時

才可以放過

不再勉強凡庸自己

去迎合這獰怪世界

我何時

才能回到最初

如是看這世界

通透欣賞這世界

而不攪和進去

～～何時 2022.12.12

人活著
就是要用心做點事
為乾涸的生命注入些平淡或斑斕
才算真正活過

～～到此一遊 2022.12.15

我今生的命運
是前世造成的果報？
還是靈魂藍圖規劃呢？
我要解開奧祕藍圖？
還是理直氣壯接受？
我要甘心體味？
還是負隅頑抗？
亦或繼續瘋顛耽溺？

～～問 2022.12.18

待鉛華洗盡
面對的是我朦朧面容
原來
放下不斷追逐的勉強
放下過多付出的矯飾
我是這個樣子……

～～真容 2022.12.20

勇氣只是開頭
堅持下去才是目標
勇氣滋長信心
堅持讓人在喧囂的世界，不忘初衷

～～向前奔去 2022.12.22

感謝爸爸媽媽

養育我，照顧我，支持我

還有給我空間胡鬧

感謝兄弟姐妹

一直的包容和陪伴

感謝我自己——宜均

這一年如此辛勤

真是不容易

真是可喜可賀

好好休息

再出發

～～感謝家人 2022.12.29

國家圖書館出版品預行編目資料

水清心秀 心靈短句／陳宜均著. --初版.--臺中
市：白象文化事業有限公司，2024.1
　　面；　公分
ISBN 978-626-364-206-5（平裝）
1.CST: 格言
192.8　　　　　　　　　　　　112019992

水清心秀 心靈短句

作　　者　陳宜均
校　　對　陳宜均
發 行 人　張輝潭
出版發行　白象文化事業有限公司
　　　　　412台中市大里區科技路1號8樓之2（台中軟體園區）
　　　　　出版專線：（04）2496-5995　　傳眞：（04）2496-9901
　　　　　401台中市東區和平街228巷44號（經銷部）
　　　　　購書專線：（04）2220-8589　　傳眞：（04）2220-8505
專案主編　林榮威
出版編印　林榮威、陳逸儒、黃麗穎、水邊、陳嬋婷、李婕、林金郎
設計創意　張禮南、何佳誼
經紀企劃　張輝潭、徐錦淳、林尉儒、張馨方
經銷推廣　李莉吟、莊博亞、劉育姍、林政泓
行銷宣傳　黃姿虹、沈若瑜
營運管理　曾千熏、羅禎琳
印　　刷　百通科技股份有限公司
初版一刷　2024 年 1 月
定　　價　200 元

白象文化　印書小舖　出版・經銷・宣傳・設計
www.ElephantWhite.com.tw　PressStore
f 自費出版的領導者　購書 白象文化生活館